O PODER DA VONTADE
E SEU DESENVOLVIMENTO

Swami Budhananda

O PODER DA VONTADE
E SEU DESENVOLVIMENTO

Tradução
Pedro Oliveira

EDITORA TEOSÓFICA
Brasília - DF

Título do Original em Inglês
Will-Power and Its Development
Advaita Ashrama
5 Dehi Entally Road
Calcutá – 700014 – Índia

Edições em português:
1ª ed. 1997
2ª ed. 2015

EDITORA TEOSÓFICA
Sig Sul Qd. 06 Lt. 1.235
70.610-460 – Brasília-DF – Brasil
Tel.: (61) 3322.7843
E-mail: *editorateosofica@editorateosofica.com.br*
Site: *www.editorateosofica.com.br*

Budhananda, S.
B927
Poder da vontade e seu desenvolvimento, O/
Swami Budhananda:
Tradução, Pedro Oliveira.-2.ed.- Brasília:
Editora Teosófica, 2015.

Tradução de: Will-power and its development

ISBN: 85-85961-14-7

1. Teosofia
II. Título

CDD 180

Revisão: Gilberto Cereja e Zeneida Cereja da Silva
Diagramação: Paulo de Tarso Soares Silva
Capa: Fernando Lopes
Impressão: Grafika Papel e Cores
E-mail: papelecores@gmail.com

Sumário

Capítulo 1

Força de Vontade: O Segredo do Sucesso

A tradição religiosa indiana ensina que os seres humanos, de modo geral, podem ter dois objetivos dignos de respeito. Um deles é chamado prosperidade e bem-estar mundanos; o outro é iluminação e liberdade espirituais. É dito que ambos têm como base *dharma* ou retidão. A prosperidade que não possui *dharma* como base desmorona muito mais cedo do que se pensa, devido, por assim dizer, à sua própria fraqueza. Por outro lado, é óbvio que não podemos nem pensar na iluminação espiritual a não ser que sejamos retos e íntegros.

É ensinado também que se não for dirigida, subordinada e utilizada para a conquista da iluminação espiritual, a prosperidade mundana se torna autodestrutiva. Mas devemos entender claramente que a iluminação não é uma decorrência lógica da prosperidade, embora seja verdade o dito popular: "ninguém pensa em religião com o estômago vazio".

Qual é o Segredo

Existe algo que sem dúvida alguma todos nós queremos na vida: o sucesso. Quaisquer que sejam nossos empreendimentos — seja na direção da prosperidade mundana ou da iluminação espiritual, seja nas esferas seculares ou espirituais — nenhum de nós gosta de fracassar. Todos queremos ser bem-sucedidos. Embora todos desejemos o sucesso, pode-se notar que em várias esferas da vida os homens verdadeiramente bem-sucedidos são muito poucos. Muitos são aqueles que alcançam um grau apenas moderado de sucesso. E muito mais numerosos são os que simplesmente fracassam.

Há vários fatores nas histórias de sucessos e fracassos dos homens na vida. Mas em cada caso particular há sempre um único denominador comum. É o fator da força de vontade. O grau de sucesso de uma pessoa na vida é proporcional ao grau de força de vontade que ela alcançou.

"Como desenvolver a força de vontade" vem a ser, então, uma questão fundamental na vida de todas as pessoas. O treinamento da força de vontade deveria fazer parte da

nossa educação desde a infância, pois sem ela a educação resulta, em grande medida, ineficaz. Swami Vivekananda diz:

> *O que é educação? É erudição livresca? Não. É conhecimento diversificado? Nem mesmo isso. O treinamento através do qual a energia e a expressão da vontade são colocadas sob controle e tornam-se produtivas é chamado de educação. Agora pensemos um pouco; será que é educação sufocar a vontade, como vem sendo feito ao longo de várias gerações? Será que é educação aquilo que está lentamente transformando o homem em uma máquina?* [1]

Se, infelizmente, não tivermos aprendido como desenvolver a força de vontade na infância, devemos fazê-lo em qualquer

---

1 *The Complete Works of Swami Vivekananda;* (Calcutá: Advaita Ashrama, 1988) vol. 4, p. 490.

estágio da vida, pois o autodesenvolvimento é quase impossível sem o exercício voluntário ou involuntário da força de vontade. Por outro lado, graças à força de vontade, podemos produzir mudanças consideráveis para melhorar nossas vidas, individuais e coletivas, a partir de situações aparentemente desesperadoras.

Consideremos três casos da história moderna. Quando Lincoln encontrava-se sozinho na Casa Branca naqueles dias tenebrosos da Guerra Civil norte-americana, o que teria acontecido à União se não fosse a poderosa força da vontade que ele tinha de salvá-la? Consideremos como a força de vontade de Winston Churchill desempenhou o papel decisivo na Segunda Guerra Mundial. O que teria acontecido à Inglaterra e à Europa, que agora desfrutam de prosperidade, se não fosse pelo poder da vontade daquele homem que disse não ter nada para oferecer a não ser sangue, suor e lágrimas? Consideremos ainda o exemplo da força de vontade de Gandhi, a quem Churchill chamou de "faquir seminu", e sua enorme importância para todos os povos do mundo que em seus próprios países eram governados por poderes coloniais.

Se estudarmos as vidas daquelas pessoas que em determinado momento estiveram muito mal e depois se ergueram dos escombros de uma forma espetacular, descobriremos, em cada caso, que foi sua força de vontade que produziu a transformação e a ascensão. Se estudarmos as vidas de algumas pessoas que logo cedo na vida prometiam muito, que tinham uma facilidade invejável de subir na vida, e contudo nunca realizaram seus potenciais, murchando como os botões que morrem antes do pleno desabrochar, descobriremos em cada caso particular que foi a ausência da força de vontade que causou seu murchar prematuro.

Com a força de vontade, num certo sentido, o homem pode fazer tudo a partir de nada. Na ausência do poder da vontade, todos os seus talentos, qualidades e dons não chegam a lugar algum.

Capítulo 2

Como a Vontade Origina-se

Os Vedas, a escritura sagrada do Hinduísmo, afirmam:

Na verdade, no começo este universo não era absolutamente nada.

Não havia nem céu, nem terra, nem atmosfera. Este ser, que era apenas não ser, concebeu um desejo: "Que eu possa existir".[2]

2 *Taittiriya Brahmana*, 2.2.9.1.

Quer você aceite ou rejeite o conteúdo desta cosmogonia, dela surge uma verdade: a de que por detrás de todos os esforços criativos, em todas as esferas da vida, está um ato de vontade. Mas o que é a vontade? De onde ela se origina? "A vontade é uma combinação do eu e da mente"[3], diz Swami Vivekananda. A palavra "eu" significa aqui *Atma* ou a alma real do homem. *Atma* está além da relação de causa e efeito. É consciência indiferenciada. Nessa consciência não há vontade, pois a vontade pressupõe reação a algo externo ou a um outro. Na consciência indiferenciada não há tal coisa. Embora *Atma* seja livre em sua pura natureza essencial, quando identificado com a mente e o corpo, encontra-se num estado de escravidão. Em outras palavras, nesse estado *Atma* não é livre. A vontade é a primeira manifestação do eu real aprisionado nos fenômenos ou

---

3 *Complete Works* (1972) vol. 6, p. 44.

maya. Ela é uma combinação de *Atma* e mente, e a mente, por sua vez, é matéria sutil. Na vontade, portanto, há duas correntes: uma do espírito e a outra da matéria — uma corrente de luz e uma corrente de escuridão.

Em última análise, entretanto, esta combinação está destinada a ser irreal, pois é baseada na irrealidade de *maya*. Mas enquanto estivermos no reino de *maya*, isto é, enquanto permanecermos espiritualmente não iluminados, ela é bastante real para todos os propósitos práticos. E ela move as coisas de uma forma que nada no mundo o faz, exceto as poderosas forças da natureza.

Até essas grandes forças são sobrepujadas pelo poder da vontade humana. Imaginem como era a América do Norte nos dias de Colombo, ou mesmo no tempo dos primeiros imigrantes, e a comparem com os Estados Unidos de hoje. Todas estas mudanças vastas e estupendas foram produzidas pela vontade humana. Todas as ações que vemos no mundo, todos os movimentos e realizações do homem são manifestações da sua vontade. Aquilo de que nos orgulhamos e aquilo que deploramos na civilização humana; o que nos impressiona nas várias esferas da ciência e o que nos espanta no domínio da religião são, sempre, manifestações da vontade do homem. Como diz Swami Vivekananda: "Esta vontade é causada pelo caráter, e o caráter é produzido pelo *karma* ou ação. Tal como é o *karma*, assim também é a manifestação da vontade"[4].

4 *Complete Works* (1972) vol. 1, p. 30.

Capítulo 3

A Causa das Pequenas e Grandes Tragédias na Vida

Agora procuremos compreender este conceito da força de vontade de um ponto de vista prático, vendo como ele afeta nossa vida. Por que realmente necessitamos desenvolver a força de vontade mesmo se não formos pessoas ambiciosas e não quisermos fazer coisas espetaculares? Em alguns momentos das nossas vidas, talvez da vida de qualquer pessoa, grandes tragédias acontecem. Elas nos abalam profundamente. Depois destas tragédias nunca voltamos a ser as mesmas pessoas. Se soubermos como encarar essas tragédias criativamente seremos, em grande parte, transformados de modo positivo. Se não soubermos, seremos destruídos. Essas tragédias são tão sérias que somos forçados a tomar conhecimento delas de forma extremamente dolorosa. E não apenas isso; os outros também as percebem, pois frequentemente nos tornamos objetos de verdadeira piedade. Isto diz respeito às grandes tragédias das nossas vidas pessoais.

Mas há outro tipo de tragédia que acontece diariamente na vida, e cujas consequências são de longo alcance. E é nessas pequenas tragédias que estão enraizadas as grandes tragédias da vida. Mas, de alguma forma, a maioria das pessoas parece não percebê-las em absoluto. Nos dias atuais estamos entregando nosso poder de pensar às máquinas, na esperança de obter mais proveito da vida. No entanto, pode-se constatar, em grande medida, que estamos perdendo controle sobre a vida. Esta pode não ser uma verdade axiomática, mas descobriremos ser geralmente verdadeiro que quanto mais os cidadãos enchem seus lares de aparelhos elétricos e eletrônicos, menos pessoas reflexivas existem.

A única maneira de manter controle sobre a vida é através do pensamento correto e profundo. Hoje em dia todos nós admiramos o livre pensamento. O livre pensamento é bom. Mas o pensamento correto é melhor. Quando o pensamento correto torna-se pensamento profundo, ele é excelente. Sem cultivar o hábito da introspecção, é impossível dar-se conta de todas as forças que operam dentro de nós. Sem conhecer a natureza dessas forças, não podemos chegar a dominá-las. Estaremos então destinados a ser seus escravos. E que chances têm os escravos de desenvolver e exercitar sua força de vontade quando a escravidão é causada por sua própria decadência? De que modo tais pessoas poderão algum dia construir seu caráter? Como pode um homem sem caráter ter força de vontade?

A introspecção revelará que há uma tragédia básica inerente à nossa vida diária, na qual a maioria de nossas grandes tragédias estão enraizadas. Usando termos sânscritos, podemos narrar esta tragédia básica da seguinte forma: "Eu sei o que é *dharma*, o que é retidão, o que é bom, mas não tenho a inclinação para fazê-lo. Eu sei o que é *adharma*, não retidão, o que é mau, pecaminoso, mas não consigo desistir de fazê-lo".[5] Uma canção do místico Ramprasad, que Sri Ramakrishna costumava

5 *Prapanna-Gita* (ou *Pandava-Gita*).

cantar, descreve com piedade o conteúdo desta tragédia:

Ó Mãe, não posso culpar a ninguém mais;
Ah! Eu afundo no poço que minhas próprias mãos cavaram,
Usando como pá as seis paixões,
Cavei um buraco no solo sagrado da terra,
E agora a água escura da morte jorra!

Como posso salvar-me, Ó minha redentora?
Certamente tenho sido meu próprio inimigo;
Como posso agora afastar esta água escura da morte?
Veja, as águas elevam-se até o meu peito!

Como posso salvar-me? Ó mãe, salva-me!
Tu és meu único refúgio.
Com teu olhar protetor,
Conduze-me à outra margem do mundo[6].

---

6 Tradução da canção de Ramprasad, reproduzida da obra *The Gospel of Sri Ramakrishna* (Madras: Sri Ramakrishna *Math*, 1981) p. 203.

Em última instância, a tragédia básica de nossa vida diária nos conduz à crise espiritual da qual Ramprasad se lamenta diante da Mãe Divina.

Portanto, a tragédia básica de nossa vida é:

(a) nossa inabilidade de fazer aquilo que sabemos ser correto e útil; e
(b) nossa incapacidade de desistir de fazer aquilo que sabemos ser errado, inútil, e às vezes desastroso.

Sabemos que é bom usar uma linguagem polida, decente e equilibrada em nossa casa, na rua, nos negócios, na política e na sociedade. Mas, mesmo assim, usamos uma linguagem errada, da qual surgem muitas discórdias — grandes e pequenas — em casa, na sociedade, nos assuntos nacionais e internacionais. Frequentemente não lembramos do poder das palavras, da sua capacidade de destruir ou construir, ferir ou curar. Seguidamente, nossa vontade deixa de colocar em prática o que sabemos acerca do poder das palavras. Através do uso da linguagem errada, podemos causar nos corações dos outros feridas que não serão curadas facilmente; ou podemos irritar as pessoas de forma a provocar consequências desastrosas. E nós próprios teremos de enfrentá-las, por mais amargas que sejam.

Sabemos que é benéfico viver uma vida moral, mas, apesar das nossas intenções, cometemos atos pecaminosos. E tendo-os cometido devemos arcar com suas dolorosas consequências. Podemos doar todos os nossos bens e propriedades, mas não há maneira de livrar-nos dos frutos do nosso *karma*. Teremos de desfrutá-los, ou sofrê-los, nós mesmos. Sabemos que é bom viver de acordo com os mandamentos da religião e obedecer os preceitos dos instrutores e sábios. Sabemos que é bom levantar de manhã cedo e praticar disciplinas espirituais. Mas, quando o despertador toca de manhã, na hora certa, sentimo-nos irritados e o desligamos, como se ele tivesse cometido algum crime, e então puxamos o cobertor sobre o nariz e dormimos mais meia hora, e como consequência temos de correr o dia todo e preocupar-nos. De noite, quando voltamos para casa, somos um conglomerado de tensões, algo tão inflamável que qualquer coisa é capaz de causar um incêndio.

É possível observar, até nas pequenas coisas, como é pouco o que podemos colocar em prática daquilo que sabemos que é bom e benéfico para nós. Ao contrário, continuamos a fazer coisas danosas. Sabemos que não é bom negligenciar nossos estudos, mas não conseguimos tirar os ouvidos ou olhos do rádio, da televisão, [do computador ou do celular. N.E.], especialmente quando um jogo de futebol, um show, um desfile de moda ou um filme estão sendo exibidos. Se nossa mente protesta, mesmo timidamente, nós a xingamos: "como posso perder um coisa tão excitante por causa do chato *blablablá* das minhas aulas?". E os efeitos disto são muito claros, causando agitação e insatisfação crescentes entre os jovens.

Será que as pessoas não sabem muito bem que é ruim ingerir bebidas alcoólicas? Mesmo assim elas tomam um ou dois copos, primeiro ocasionalmente, e depois mais, de modo compulsivo. Prometem não beber mais, e o único resultado é quebrar mais uma vez a promessa. No final, elas se tornam incapazes até de prometer. Acredito que foi Will Rogers quem disse: "Bem, é muito fácil parar de fumar. Eu já o fiz mais de cem vezes!". Mas a história dos Alcoólicos Anônimos mostra que é possível começar uma vida nova ao se desenvolver uma nova vontade de viver um outro tipo de vida.

Sabemos que excesso de peso causa riscos à saúde e que devemos evitar comer demasiados doces e outras coisas que engordam. Mas, quando essas coisas surgem à nossa volta, *ignoramos discretamente nossas próprias decisões mentais* e a oposição daqueles que nos querem bem.

É bem sabido que certas pessoas podem resistir a tudo, exceto a tentações! Há um grande fascínio pelo que é proibido, uma atração enorme pelo que é destrutivo, e grande desejo de coisas bizarras e más deste mundo ilusório. Elas nos puxam pela orelha e nos tornam escravos. Fazemos coisas com pressa para depois nos arrependermos nos momentos de reflexão e chorarmos na escuridão que nós mesmos criamos.

Ora, por que nos comportamos conscientemente dessa maneira? Também fazemos coisas erradas sem perceber. Mas além disso, por que, conscientemente, fazemos coisas erradas e deixamos de fazer coisas certas? Não devemos cometer o erro de pensar que fazemos isso porque somos essencialmente maus ou devido a algum tipo de "pecado original" em nós, nem porque somos forçados pelos poderes do mal. Saibamos de forma inequívoca que ninguém neste mundo é essencialmente mau. Essencialmente, todos são divinos, porque a essência de cada ser é *Atma*, o verdadeiro eu, que é divino. A aparente maldade de qualquer pessoa é algo apenas fortuito, uma máscara externa, da qual ela pode se livrar. Nenhuma vaca mente. Uma árvore não rouba ou furta. Uma laje de pedra não comete assalto. Somente o homem faz estas coisas. Porém uma vaca, tanto quanto sabemos, não consegue pensar em Deus. Uma árvore não pode praticar disciplinas espirituais. Uma laje de pedra não pode compreender Deus. Mas o homem pode.

A conclusão inevitável, então, é que as tragédias diárias básicas de nossas vidas não estão enraizadas em nenhuma maldade inalienável, essencial em nós, mas, sim, no fracasso da nossa vontade. Muitos de nós não têm nenhuma ideia do quanto de bondade, força e grandeza gritam por uma chance de manifestar-se dentro de nós. Em grande medida, conhecemos apenas o lado mais fraco de nós mesmos, que na verdade pertence ao não eu de acordo com a filosofia vedanta. É a tragédia básica de nossa vida diária que efetivamente impede um encontro real com nosso verdadeiro eu. Assim, é importante para cada pessoa saber como evitar o fracasso da vontade. A única maneira de fazê-lo é cultivar a força de vontade.

Capítulo 4

Como Gerar Força de Vontade no Sistema Humano

Como cultivamos a força de vontade? Neste capítulo vamos examinar esta questão desenvolvendo onze itens.

1 Primeiro vamos compreender o que é exatamente a força de vontade, em termos operacionais. É aquela função positiva e criativa da mente que nos impele e habilita-nos a realizar ações determinadas de um modo bem definido e a evitar ações que não queremos, de um modo igualmente definido. É aquele poder da mente que nos habilita a fazer o que sabemos ser correto e a não fazer aquilo que sabemos ser errado, sob todas as circunstâncias, favoráveis ou desfavoráveis, conhecidas ou desconhecidas.

2 Em segundo lugar, é importante saber e acreditar que a força de vontade pode ser aumentada por todos nós, sem exceção, desde que estejamos dispostos a dedicar-nos a esse fim e a trabalhar nessa direção de forma firme e metódica. Nossos fracassos passados não têm de ser também, necessariamente, nossos fracassos futuros. Ninguém está destinado a ser fraco toda sua vida, exceto aquele que prefere assim. Um começo em direção a um estado melhor, mais nobre e mais elevado de existência — pelo menos um esforço determinado para tal fim — é possível no momento em que realmente decidirmos isso. Nunca é muito cedo, nem tarde demais, para sermos bons, verdadeiros, puros e fortes. Swami Vivekananda diz: "Levante-se, seja corajoso, seja forte! Saiba que você é o criador de seu próprio destino. Toda a força e ajuda de que você necessita estão dentro de você".[7] Que mensagem cheia de vida e salvadora! Toda a força e todo socorro de que necessitamos estão dentro de nós mesmos. Devemos ter uma firme compreensão disso e uma fé inabalável nesta verdade fundamental.

3 Somente quando nos firmamos nesta verdade é que podemos gerar uma vontade para desenvolver a força de vontade. Embora possa soar como um jogo de palavras, é muito importante se ter uma

7 *Complete Works* (1971) vol. 2, p. 225.

vontade firme para desenvolver a força de vontade. Por incrível que possa parecer, muitos de nós não têm nem mesmo a vontade de desenvolver a força de vontade! Parece que consideramos isso uma enorme chateação, uma responsabilidade muito grande para ser carregada o tempo todo. Mas, quando sabemos com certeza que dentro de nós existe um poder ilimitado, que não somos tão frágeis como parecemos, que não somos galhos fracos podendo ser quebrados a qualquer momento — então desenvolvemos a mente para manifestar esse poder em nossa vida ao cortarmos, de forma incisiva, todos os enganos e ilusões que são contrários a ele.

4 Quando esta mente é desenvolvida, estamos prontos para dar o passo mais importante no desenvolvimento da força de vontade. Este passo consiste em remover a dicotomia entre a cabeça e o coração, o intelecto e a emoção, o pensamento e o sentimento. Como o fazemos? Isso só pode ser feito quando amamos a verdade do nosso ser. Se sabemos com certeza que somos divinos, que somos filhos da imortalidade, com uma longa história atrás de nós e um grande destino à nossa frente, detestaremos fazer coisas que são indignas de nós, e estaremos decididos a fazer as coisas corretas. Em outras palavras, nossos pensamentos e emoções irão unir-se a fim de nos capacitar para fazer o melhor que esperamos de nós mesmos.

Talvez não tenhamos êxito sem luta. O que importa? Qual é o valor de um sucesso alcançado sem luta? Alcançaremos com certeza o sucesso se lutarmos decididamente, sem permitir que medos hipotéticos sabotem nossa autoconfiança e nossas reservas de energia.

Esta é a melhor maneira de combater o mal dentro de nós mesmos: afirme o que é divino, e o demônio fugirá. Como podemos afirmar o divino dentro de nós? Se quisermos afirmar o divino devemos fazer duas coisas: não devemos ser covardes, e não devemos ser hipócritas. Devemos ser bravos, tomar a coragem em ambas as mãos e seguir a verdade até sua conclusão lógica. Ir com a verdade onde quer que ela nos leve: este deveria ser nosso lema.

A oposição a este modo de pensar e viver certamente aparecerá. Devemos predeterminar nossa atitude de modo adequado diante desta oposição e recebê-la sem ficarmos abertamente agitados, mas com bom humor, se possível com um sorriso. Swami Vivekananda indica quais devem ser nosso estado mental e nossa atitude frente a oposições. Ele pergunta: "Vocês têm vontade suficiente para sobrepujar oposições do tamanho de uma montanha? Se o mundo inteiro, com as espadas nas mãos, permanecer contra vocês, ainda assim ousariam fazer o que pensam ser correto? Se suas esposas e filhos estiverem contra vocês, se todo seu dinheiro chegar ao fim, seu nome for desonrado, sua riqueza desaparecer, vocês ainda assim buscariam? Vocês ainda assim buscariam a meta e se moveriam firmemente em direção a ela?".[8]

É neste estado mental que teremos de enfrentar a oposição. Você pode levantar a seguinte objeção: "para começar, eu não possuo vontade suficiente para superar dificuldades do tamanho de uma montanha. Este é o meu problema!".

Este *não* é o seu problema. O seu problema é que você não tem suficiente amor à verdade. Intensifique o amor à verdade e este estado mental diante da oposição crescerá espontaneamente em você.

---

8 *Complete Works* (1960) vol. 3, p. 226.

5 Duas coisas irão se opor a este movimento criativo dentro de nós: (**a**) nossos sofrimentos em relação ao passado e (**b**) nossa preocupação sobre o futuro. Ambos são prejudiciais ao cultivo da força de vontade porque conseguem minar todos os movimentos criativos, positivos e de visão clara que existem em nossas mentes. São, também, ocupações totalmente desnecessárias. Sofrimentos exagerados em relação ao passado e demasiada preocupação com o futuro apenas danificam o nosso presente, enfraquecendo nossas mentes e prejudicando o nosso futuro.

Ora, você pode dizer, honestamente: "Como posso deixar de sofrer em relação ao passado? Cometi muitos pecados. Não é meu dever religioso arrepender-me de meus pecados passados?". Esta é uma pergunta importante, que requer completo esclarecimento e eliminação da dúvida implícita nela. Certos vedantinos preguiçosos são capazes de dar pouca importância ao pecado com a vã esperança de que a divindade irá de alguma forma — como uma esponja talvez — absorver todo o seu mau *karma* e elevá-los aos céus da libertação por um truque inexplicável, embora continuem a viver da mesma maneira. A filosofia vedanta reconhece o fato do pecado, mas rejeita a teoria do pecado original e a considera algo totalmente irracional. O que o homem possui é uma divindade original e um pecado adventício, secundário. Embora secundário, o pecado possui um poderoso efeito aprisionante sobre a alma e sua livre expressão.

Portanto, o fato do pecado tem de ser reconhecido como qualquer outro fato empírico. Uma coisa é reconhecer o fato do pecado, e outra totalmente diferente é tornar-se um tipo de negociante do pecado, um *arrependido habitual*. Seja qual for a face hipocritamente devota que essa lamentação perpétua possa assumir, psicologicamente se trata de um enfoque sem eficácia para quem pretende livrar-se do erro. Se você se entrega a um excesso de pesar devido a qualquer pecado, é provável que esteja mentalmente tirando proveito da repetição do pecado, embora sob o disfarce da retidão.

O mais importante a ser feito em relação ao pecado é parar de pecar, física e mentalmente. Como fazemos isso? Há alguns ensinamentos de Sri Ramakrishna que, quando praticados, resolverão completamente tais situações na vida de um aspirante espiritual sério:

> *A escravidão é da mente, e a liberdade também é da mente. A mente é livre se pensa constantemente: "Eu sou uma alma livre. Como posso ser escravo, quer eu viva no mundo ou numa floresta? Sou um filho de Deus, o rei dos reis; quem pode escravizar-me?" Se mordido por uma cobra, um homem livra-se de seu veneno ao dizer enfaticamente: "Não há veneno*

em mim". Da mesma forma, ao repetir com coragem e determinação a frase "eu não sou escravo, sou livre", realmente nos tornamos livres. O miserável que constantemente diz: "Eu sou escravo, eu sou escravo" — consegue apenas se tornar escravo. Aquele que diz dia e noite "sou um pecador, sou um pecador" torna-se verdadeiramente um pecador.

Deveríamos ter uma fé tão ardente em Deus que nos fizesse dizer: "Tenho repetido o nome de Deus. Como pode o pecado agarrar-se a mim? Como posso continuar em escravidão?" Se um homem repete o nome de Deus, seu corpo, sua mente e tudo o mais tornam-se puros. Por que deveríamos falar sobre pecado, inferno e coisas semelhantes? Diga apenas uma vez: "Ó Senhor, sem dúvida fiz coisas más, mas não as repetirei". E tenha fé em Seu nome.[9]

9 *The Gospel of Sri Ramakrishna*, Índia (1942) p. 138.

Isso é precisamente o que temos de fazer em relação a nossos pecados passados: diga apenas uma vez, com verdadeiro arrependimento, ao Deus de seu coração: "Realmente fiz isso. Perdoe-me. Não o farei novamente". Depois se decida a manter a palavra dada a Deus. E repita o nome de Deus. A repetição do nome do Senhor irá dar-nos o poder de manter a decisão.

Entretanto, é mais importante que vivamos atentamente no momento presente, com a mente livre, tentando honestamente viver de acordo com nossas convicções mais elevadas. Aquele que sufoca este momento com as preocupações de momentos que ainda não chegaram está fazendo o possível para tornar seu futuro desagradável. "No centro deste momento está a eternidade!", disse Meister Eckhart. E se tivermos vivido este momento bem, se tivermos feito o melhor possível, bem que podemos deixar o resto em paz. Pois o melhor que se pode fazer pelo futuro é fazer sempre o melhor que podemos a cada momento.

É possível, entretanto, sempre examinar o que fazemos de melhor e tentar descobrir métodos de melhorá-lo ainda mais. Preocupação em relação ao futuro é uma doença mental, cujo remédio é viver plenamente neste momento com todos os nossos poderes equilibrados e aplicados. Aqueles que quiserem desenvolver a força de vontade devem evitar cuidadosamente viver no passado ou no futuro. Devem viver no presente. Se vivermos no presente com sabedoria, de acordo com nossa consciência mais elevada, nosso futuro só poderá ser bom, digam o que disserem os astrólogos profissionais.

6 Para viver no presente sabiamente, necessitamos ser guiados por uma firme percepção da nossa escala de valores.

Devemos ser capazes de convencer a nós mesmos de que não estamos brincando. Precisamos ser capazes de dizer a nós mesmos, em tudo e através de tudo que fazemos, que estamos gradual mas seguramente nos encaminhando para o cumprimento do nosso destino. Esta firme percepção de valores deve ser mantida com o devido respeito pelas nossas necessidades físicas, mentais e espirituais. Os sábios indianos descobriram que são quatro esses valores: **prosperidade, retidão, prazer e libertação espiritual.**

Para a humanidade em geral, a desnutrição física e emocional não conduz ao cultivo da força de vontade nem ao desenvolvimento da vida superior. Assim como a fome é ruim, comer demais também é desastroso. Para o atendimento de nossas necessidades físicas e emocionais, necessitamos de prosperidade. Mas se adquirimos riquezas de forma injusta, liberamos algumas forças que acabarão avançando sobre nós como tigres, e isso não será nada bom para nossa força de vontade. Por isso, tanto os valores do prazer como da riqueza têm de ser obedientes à lei da retidão ou *dharma*. Mas esta retidão, por sua vez, deve ser inspirada por um motivo superior que é a libertação do espírito.

Quando atuamos em nossa vida diária de acordo com esta firme percepção de valores, estamos, por assim dizer, protegidos dentro de um *círculo de fogo* de sabedoria, pelo qual os males da vida não podem penetrar facilmente. Vivemos então com a convicção fortemente arraigada do que é correto e não temos o menor sentimento de culpa. É este sentido de culpa, com ou sem motivos, que consome as raízes da nossa força de vontade. Quando vivemos não apenas livres do sentimento de culpa, mas de forma positiva, com a percepção de que vivemos corretamente, adquirimos um poder de convicção que libera uma nova energia dentro de nós. E esta energia auxilia imensamente o desenvolvimento da força de vontade.

Cultive pelo menos o poder da convicção, se você quiser desenvolver a força de vontade. Acredite com toda sua alma que você está no caminho correto; não duvide de tudo o tempo todo. Isso não é inteligência. Acredite na filosofia vedanta, em Ramakrishna ou em seu próprio *Atma* com toda sua energia e você verá como a força de vontade cresce misteriosamente. O que é feito de modo correto e com vontade poderosa dentro de nós mesmos ajuda-nos a fazer outras coisas também.

7 Esta firme percepção de valores necessita ser resguardada com zelo, pois estamos sendo constantemente assaltados pelos ventos caóticos de várias ideias contrárias.

Como resguardar esta percepção de valores? Podemos fazê-lo através de três meios: (**a**) pelo constante discernimento entre o real e o irreal; (**b**) mantendo-nos ocupados, fazendo aquelas coisas que qualificamos decididamente como benéficas; e (**c**) evitando curiosidade fútil sobre coisas que não dizem respeito ao nosso principal propósito na vida.

Devemos empenhar-nos para fazer aquilo que, através de exame e discernimento adequados, consideramos benéfico. Se necessário, devemos vencer a nós próprios e enfrentar corajosamente as consequências. A tarefa mais difícil do mundo não é cuidar do nosso velho pai nem cuidar dos nossos filhos, mas sim cuidar de nós mesmos! Para alguém que sabe como disciplinar a si mesmo, as outras tarefas serão fáceis. Há necessidade de tratar-se com firmeza, até certo ponto, a fim de quebrar as barreiras que impedem o fluxo da força de vontade. "Faça o que é correto imediatamente" — esta deveria ser a ordem do dia para nossa mente. Este deveria ser o princípio: ao invés de fazer as coisas erradas apressadamente e de se arrepender mais tarde, não é melhor fazer as coisas certas de imediato e desfrutar depois as bênçãos destas ações?

Se formos incapazes de decidir por nós mesmos o que é certo ou errado, devemos pedir conselho ao nosso instrutor. Se não há um instrutor espiritual disponível, a orientação pode ser extraída das escrituras. Mas, mesmo quando já tivermos decidido sobre uma ação correta, muitas considerações tentarão impedir a sua pronta execução. "Todos estão agindo de forma diferente" — será uma das alegações. Depois haverá as considerações daquilo que muitos chamam de "senso comum". Grande parte do chamado "senso comum" é apenas uma racionalização das nossas fraquezas, combinada com a ideia daquilo que se supõe ser interesse pessoal. E essas considerações serão manipuladas por nossa própria mente. Temos de distinguir aqui, cuidadosamente, a tentativa de sabotagem de nossos bons esforços para desenvolver a força de vontade, feita pela parte não regenerável ou maldosa de nossa mente. Devemos então derrotar firmemente esta oposição através daquela parte da mente que já se aliou à verdade. Por outro lado, devemos parar imediatamente de fazer o que sabemos ser definidamente errado e daninho, e enfrentar com coragem as consequências.

Pessoas superficiais podem ridicularizar-nos por permanecermos à parte. Pessoas egoístas podem atormentar-nos por não fazermos coisas erradas. Até mesmo nossos amigos podem considerar nosso comportamento estranho. Contudo, devemos seguir aquilo que consideramos verdadeiro e correto. Mas devemos ser extremamente cautelosos, e também possuir uma visão de longo alcance, ao identificarmos o que é certo e errado. Não devemos tirar impulsivamente conclusões apressadas e depois seguir adiante de maneira cega. Isso prejudicará o desenvolvimento da força de vontade. Se formos incapazes de determinar sozinhos o que é certo e o que é errado, devemos buscar o auxílio daqueles que sabem a resposta e então agir de acordo com o que aprendemos.

Com base no que tenhamos aprendido e decidido, devemos planejar por nós mesmos uma rotina simples para nossa vida diária. Esta rotina deve ser planejada mantendo-se em mente que diariamente estamos buscando a autopreservação e a automelhora em todos os níveis — físico, mental e espiritual. Ela deve ser planejada de tal forma que nossas relações, necessidades recreativas, ideais e aspirações possam ser todas desenvolvidas através dessa rotina. Aconteça o que acontecer, devemos seguir essa rotina. No estágio preliminar, este é um método muito útil para se obter um firme controle da mente. Nossos sentidos terão de obedecer nossas decisões tomadas com o devido cuidado.

Podem surgir casos excepcionais em que a rotina terá de ser posta de lado — como por exemplo quando há um acidente sério na casa ou um amigo morreu — mas logo que possível devemos retornar à nossa rotina. Num estágio posterior, quando tivermos conquistado uma margem de segurança suficiente no controle de nossa mente, podemos ajustar a rotina de acordo com as necessidades superiores do nosso autodesenvolvimento.

8 É extremamente importante lembrar que, ao desenvolver a força de vontade, o maior auxílio virá do poder de concentração que já tivermos alcançado. Na verdade, estes dois fatores vão sempre juntos. O poder de concentração ajuda o crescimento e desenvolvimento da força de vontade, e a força de vontade auxilia o poder de concentração.

Como podemos aumentar o poder de concentração? O modo mais simples de fazê-lo é lançar toda a nossa mente à tarefa que temos à nossa frente, seja cozinhar, lustrar os sapatos, jogar basquete, observar os pássaros, fazer um experimento no laboratório ou orar na capela. Em outras palavras, enquanto você está meditando, você não deve estar assistindo a um filme!

9 E para isso necessitamos uma boa reserva de energia mental. Ou seja, a fim de desenvolver a força de vontade, devemos parar de desperdiçar nossa energia mental. Este desperdício de energia mental é feito através de conversas inúteis, trabalho sem sentido, controvérsias fúteis, fantasias disparatadas, fofocas, atitudes sonhadoras, pensamentos lascivos, preocupações com coisas que não nos dizem respeito, medos hipotéticos e críticas em relação aos erros dos outros. Para construir uma reserva suficiente de energia mental, algo indispensável para desenvolver a força de vontade, devemos parar de fazer coisas que jogam fora a nossa energia mental.

Notaremos que os homens de vontade poderosa são homens de poucas palavras. As pessoas sempre esperam atentamente para ouvir o que eles têm a dizer. Eles não se esforçam por parecer interessantes ou estimulantes. Eles vivem com um propósito e para um ideal. São imensamente dinâmicos, mas equilibrados; intensos, mas não tensos. Não ficam facilmente abalados por qualquer coisa.

10 A conservação de energia mental dependerá, por sua vez, da conservação de energia física, especialmente da energia sexual. Aqueles que impensada ou deliberadamente desperdiçam sua energia física estão fadados a ter mentes superficiais. E mentes superficiais têm pouca força de vontade. É por esta razão que no sistema educacional da Índia antiga era dada uma importância suprema à prática de *brahmacharya* ou continência, a tal ponto que o próprio período da vida de estudante era chamado de *brahmacharya*. O segredo principal do desenvolvimento da força de vontade está na prática adequada de *brahmacharya*. Portanto, para desenvolver a força de vontade, devemos conservar nossa energia física. A energia física é conservada ao se viver uma vida de pureza e moderação. Na moderação está a flexibilidade; na flexibilidade está a força.

11 Por último, para desenvolver a força de vontade nunca devemos levar nossas derrotas demasiado a sério. Não devemos desanimar devido a repetidos fracassos. O único caminho que leva ao sucesso passa por repetidos fracassos. Os fracassos devem ser aceitos como parte do jogo, como passos para galgar o pedestal do sucesso. Esses passos, quando seguidos corretamente, com certeza irão auxiliar-nos a desenvolver a força de vontade.

"Pelo amor de Deus!", alguns de nós poderão pensar, "se tudo isso é necessário para desenvolver a força de vontade, que os espiritualistas fiquem com ela, então; nós vamos fazer um lanche!". Bem, a verdade é que comer não é tudo. Há muito mais. Os lanches têm o seu lugar na vida. Mas devemos lembrar que não há nenhum substituto para a força de vontade. Não podemos obter nenhuma coisa de valor sem pagar por ela.[10]

---

10 Sudhakar Dikshit, *Sermons and Sayings of the Buddha*, pp. 42-43.

Capítulo 5

Superando o Fracasso da Força de Vontade

Pode surgir uma situação, entretanto, em que descobrimos que depois de fazer tudo isso supostamente com o melhor de nossa capacidade, nossa força de vontade ainda não é suficientemente forte. O que devemos fazer neste caso? Devemos parar, pensar e analisar toda a situação. Certamente descobriremos que o fracasso da vontade está ocorrendo de uma forma sutil através de um processo de pensamento errado. É o pensamento que se traduz em ação. Se o pensamento é errado, como a ação pode ser correta? Assim, para aumentar a força de modo consistente devemos trabalhar sobre o processo de pensamento.

Como trabalhar sobre o processo de pensamento, ou seja, como controlar o pensamento? Isso, em si mesmo, é um grande tema para discussão. No que diz respeito ao nosso objetivo neste momento, será suficiente saber que "trabalhar sobre o processo de pensamento" significa impedir os movimentos errados do pensamento.

Em um sermão, o Buda instrui especialmente sobre o controle do pensamento. Na conclusão daquele sermão, resumindo seus preceitos, Ele diz:

> *Lembrem-se, discípulos; a única maneira de se tornar vitorioso contra pensamentos errados é revisar de*

tempos em tempos os diversos aspectos da nossa mente, refletir sobre eles, arrancar tudo o que é mau e cultivar tudo o que é bom.
Quando, finalmente, um discípulo vence seus pensamentos errados, ele se torna o mestre de sua mente, dominando o desejo e eliminando para sempre o mal.

Aquele que se tornou vitorioso contra pensamentos errados possui uma força de vontade que nunca falha. Ora, quando começamos a praticar o preceito "... arrancar tudo o que é mau e cultivar tudo o que é bom", descobrimos que isso está além do que podemos fazer. O que devemos fazer quando descobrimos nosso completo desamparo interior e nossa vergonhosa fraqueza? Se percebemos nossa verdadeira fraqueza devemos, humildemente, fazer o que é mais fácil. Devemos orar a Deus, pedindo força de vontade. É um método infalível.

Há problemas relativos tanto à oração atendida quanto à desatendida. Mas, no que diz respeito à oração pela força de vontade, temos um conselho muito claro de Sri Ramakrishna. Entre as poucas coisas que ele claramente nos recomendou que pedíssemos a Deus está a força de vontade. Seu conselho em relação a isso é que devemos orar fervorosamente a Deus pedindo força de vontade para sermos capazes de fazer o que é certo e de desistir de fazer o que é errado, de modo que possamos nos devotar à prática das disciplinas espirituais. Acima de tudo ele nos pediu — e isto é muito importante — também que orássemos para que a nossa vontade, com toda sua energia, possa estar unida à vontade de Deus.

Capítulo 6

Precaução Necessária para Dirigir Adequadamente a Força de Vontade

Há, entretanto, um ponto importante a ser notado no desenvolvimento da força de vontade: deve ser dada uma direção correta à vontade. Todos os grandes vilões da história, que infligiram à humanidade sofrimentos indizíveis, como Hitler e sua tribo, também tinham vontade poderosa. Este tipo de força de vontade pode apenas criar escravidão para si mesmo e sofrimento para os demais. Não estamos tentando desenvolver este tipo de força de vontade maléfica. Estamos tentando desenvolver a força de vontade benigna, da qual nenhum mal pode jamais surgir — apenas o bem. A perfeição deste tipo de força de vontade é alcançada quando se é capaz de dizer com toda alegria e espontaneidade:

"Senhor, seja feita a Tua vontade, não a minha!".

Num determinado estágio, em que a força de vontade ainda está tomando forma, grande cuidado e precaução devem ser tomados de modo que ela seja dirigida inteiramente a Deus. E isso é feito através da oração, como ensinou Sri Ramakrishna. Poderia haver um método mais simples que a oração para desenvolver a força de vontade? O melhor é que junto com a oração haja a repetição do nome do Senhor. Muitos místicos e santos indianos são unânimes em seus ensinamentos de que, em termos espirituais, não há nada que não possamos alcançar através da amorosa repetição do nome do Senhor. Há alguém tão fraco e tão infeliz que não pode nem mesmo pronunciar o nome do Senhor?

De qualquer forma, quer sejamos fracos ou fortes, a oração e a repetição do nome do Senhor sempre irão auxiliar-nos a desenvolver a força de vontade, pois estas duas práticas removem todos os maus pensamentos e purificam nossa mente. Devemos tomar todo cuidado para caçar todos os nossos defeitos internos em seus esconderijos e reconhecê-los perante nós mesmos e perante o Deus que há dentro de nós. Obteremos uma grande quantidade de força ao fazer isso.

Mas não devemos sair por aí falando sobre nossas fraquezas com qualquer um. Dessa forma ninguém é auxiliado. Devemos falar sobre elas sem reservas, em caso de necessidade, apenas com nossos instrutores ou conselheiros e com ninguém mais. Estejam certos de que há muitas pessoas inescrupulosas no mundo que tentarão tirar vantagem das suas confissões desnecessárias.

A consciência de nosso completo desamparo nos conduz à autoentrega. A autoentrega, quando é verdadeira e completa, despedaça todos os grilhões internos que provocam o fracasso de nossa força de vontade. Então, subitamente, a pessoa prostrada levanta-se como a própria personificação da força interna. Ninguém compreende de onde veio tanta força de dentro dela. Diz Jesus Cristo: "Sem Mim não podeis fazer nada". Quão verdadeiro! Sem a graça de Deus não podemos fazer nada. Em outras palavras, com a graça de Deus podemos fazer tudo.

Quando praticamos a oração, a meditação e a repetição do nome do Senhor,

Deus já está conosco. E este fato expressa-se como pureza mental. Isto é, tornar-se forte no poder de Deus. A vontade da mente pura é invencível. Através da ajuda de uma tal vontade pode-se alcançar até mesmo o mais elevado, que é Deus.

Capítulo 7

Contemple o Triunfo da Força de Vontade

A história mais magnífica do triunfo da força de vontade é a de um homem que não pediu nada a Deus, e nem mesmo reconhecia a existência de Deus. Ele é o Buda. E isso prova o poder da vontade humana em si mesma. É inspirador saber disso.

Vocês todos conhecem a história da vida de Buda. Depois de renunciar ao mundo, ao lar, ao trono, à esposa, a um filho recém-nascido e a tudo o mais, Siddhartha Gautama tornou-se monge. Mais tarde, ele foi em busca de um mestre. Estudou sob vários instrutores e aprendeu tudo o que tinham para ensinar, mas não ficou satisfeito com o ensinamento de nenhum deles. Todos os instrutores o amavam e respeitavam. Mas Siddhartha, que ainda não era Buda, continuava insatisfeito. Ele agora percebera que nenhum daqueles instrutores clássicos tinha a resposta para sua busca, cujo objetivo era descobrir um meio para a cessação de *dukkha*, o sofrimento inerente à vida humana. Assim, ele decidiu trilhar seu próprio caminho. Sozinho, sem lar, este grande buscador da verdade chegou a Ratnagiri. Lá ele se tornou conhecido do rei Bimbisara (o qual, depois da iluminação de Sidhhartha, ficou sendo seu discípulo). Foi na corte de Bimbisara que Siddhartha ofereceu sua vida em troca da de um cordeiro que iria ser sacrificado. De Ratnagiri, buscando o local mais conveniente para a prática calma das disciplinas espirituais, ele foi a Uruvela, que é agora conhecida (e famosa) como Buddha-Gaya. Em Uruvela, por seis longos anos, Siddhartha praticou terríveis austeridades e reduziu seu corpo a pele e osso. Sua decisão era a seguinte: "Perceberei a verdade, ou o corpo sucumbirá".

Um dia, quando retornava à sua cabana depois de se ter banhado no rio Niranjana, ele caiu devido à completa fraqueza física. Foi dado como morto, mas recuperou a consciência. Siddhartha percebeu então que o caminho para a iluminação não era esta austeridade extrema. Uma mulher do vilarejo, que tinha vindo para oferecer adoração, ofereceu-lhe leite de arroz, e ele aceitou a doação. Quando sorveu o leite de arroz, todos os seus membros ficaram renovados, sua mente tornou-se clara novamente e ele ficou forte o suficiente para receber a mais alta iluminação. À medida que ele reduzia suas austeridades, sua determinação de alcançar a compreensão tornava-se mais firme. Então, numa noite de lua cheia do mês de Vaisakha[11], sentou-se sob a agora famosa árvore Bodhi com esta determinação: "Que meu corpo seque nesse lugar; que minha pele, meus ossos e minha carne percam toda vida, mas não sairei deste lugar antes de alcançar a iluminação que é raramente encontrada mesmo em muitas eras".

O restante da história pode ser narrado nas palavras de *The Life of the Buddha*, de Ashvaghosha. Embora expressa na linguagem das lendas, a narrativa nos convence do triunfo da força de vontade e tem um impacto maravilhoso sobre a própria civilização humana. Ela diz:

11 *Vaisakha*, ou *Wesak*, corresponde ao mês de maio. (N. ed. bras.).

O Santo Ser dirigiu seus passos àquela abençoada árvore Bodhi, sob cuja sombra ele culminaria sua busca. Quando estava caminhando, a terra tremeu e uma luz brilhante transfigurou o mundo. Ao sentar-se, os céus ressoaram com alegria e todos os seres vivos encheram-se de regozijo. Apenas Mara *(o espírito mau), senhor dos cinco desejos, portador da morte e inimigo da verdade, estava pesaroso e não ficara feliz. Com suas três filhas, as tentadoras, e com sua hoste de espíritos malignos, ele foi até o lugar onde o grande sábio estava sentado. Mas Sakyamuni não lhe deu importância.* Mara *pronunciou ameaças com o objetivo de inspirar medo e causou uma tal tempestade que os céus escureceram e o oceano rugiu e tremeu. Mas o Abençoado permanecia calmo e nada temia sob a árvore Bodhi. O Iluminado sabia que nenhum mal poderia lhe acontecer.*

As três filhas de Mara *tentaram o Bodhisattva, mas ele não prestou atenção a elas. Quando Mara viu que não podia acender nenhum desejo no coração do sábio vitorioso, ordenou que todos os maus espíritos sob seu comando atacassem e tentassem assustar o grande personagem.*

Mas o Abençoado observou o que faziam como se fosse uma brincadeira inofensiva de crianças. Todo o ódio feroz dos maus espíritos foi inútil. As chamas do inferno tornaram-se saudáveis brisas perfumadas, os raios irados foram transformados em botões de lótus.

Quando viu isso, Mara *afastou-se da árvore Bodhi com seu exército. Nesse momento caiu uma chuva de flores celestiais e foram ouvidas vozes de bons espíritos: Abençoado seja este grande ser! As hostes do malvado não sobrepujaram sua mente intocada pelo ódio. Ele é puro e sábio, amá-*

vel e cheio de misericórdia.
Assim como os raios do sol eliminam a escuridão do mundo, aquele que persevera em sua busca encontrará a verdade, e a verdade o iluminará.[12]

Siddhartha, tendo posto Mara para correr, entregou-se à meditação. E naquela mesma noite, sentado no mesmo lugar, alcançou a iluminação e tornou-se Tathagata, o Buda. Esta é a magnífica história do maior triunfo da força de vontade humana em todo o mundo.

A Grande Opção Aberta a Todos

Nenhum de nós está completamente destituído de força de vontade. Caso contrário, não poderíamos ter chegado a ser o que somos neste momento. Mas é um fato que, sejam quais forem os graus de força

12 Paul Carus, *The Gospel of the Buddha* (Nova Iorque: The Open Court Publishing House Company, 1921).

de vontade já alcançados por nós, quanto mais a força de vontade for dirigida a Deus, mais nobres iremos nos tornar como seres humanos. E aquelas almas aventureiras que desejarem ser algo mais do que apenas seres humanos altruístas, percebendo a verdade, ampliarão ainda mais sua força de vontade.

Pela graça de Deus, inúmeras possibilidades permanecem sempre abertas diante de cada ser humano. Quantas delas iremos realizar? Isso só depende de nós.

Mais informações sobre Teosofia e o caminho espiritual podem ser obtidas escrevendo para a Sociedade Teosófica no Brasil, no seguinte endereço: SGAS Quadra 603, conjunto E, s/nº - CEP 70200-630 – Brasília-DF. O telefone é (61) 3226-0662. Também podem ser feitos contatos pelo e-mail: *secretaria@sociedadeteosofica.org.br.*
Site: *www.sociedadeteosofica.org.br.*

gráfika®
papel&cores